AF523916

ELİF ŞAFAK

AŞKIN KIRK KURALI

Aşkın Kırk Kuralı

Yazan: Elif Şafak
Editör: Handan Akdemir

Bu kitap Elif Şafak'ın Aşk romanından derlenmiştir.

1. baskı / Ocak 2019
17. baskı / Mart 2019 / ISBN 978-605-09-5864-5
Sertifika no: 11940

Kapak ve kitap içi tasarımı: Serkan Yolcu
Baskı: Yıkılmazlar Basın Yayın Prom. ve Kağıt San. Tic. Ltd. Şti.
Evren Mah. Gülbahar Cad. No: 62 / C Güneşli - Bağcılar - İSTANBUL
Tel: (212) 515 49 47
Sertifika no: 11965

Doğan Egmont Yayıncılık ve Yapımcılık Tic. A.Ş.
19 Mayıs Cad. Golden Plaza No. 3, Kat 10, 34360 Şişli - İSTANBUL
Tel. (212) 373 77 00 / Faks (212) 355 83 16
www.dogankitap.com.tr / editor@dogankitap.com.tr / satis@dogankitap.com.tr

ELİF ŞAFAK

AŞKIN KIRK KURALI

SUNUŞ

Tıpkı biz Âdemoğulları Havvakızları gibi kitapların da kendilerine ait hayatları, çatal çatal patikaları, velhasıl yol haritaları var.

Her romanımın, her kitabımın bende izi, yüreğimde yeri apayrı. Bazen soruyorlar, "En çok hangi kitabınızı seviyorsunuz?" diye. Nasıl cevap verebilirim ki bu soruya, nasıl olur da bir eseri ötekine tercih edebilirim... Her kitapta benliğimden, zihnimden, ruhumdan katmanlar varken...

Kolay kolay anlatamadığım bir hikâye bu: Uzun bir yaz tatili. Annemle babam, ben küçük yaştayken ayrıldılar ama resmen boşanmaları zaman aldı. Derken bir okul tatili, belki yedi yaşındayım, yaz mevsiminin bir kısmını babaannemin yanında geçirmeme karar verildi, nasıl olduysa, geri kalan kısmını da anneannemin yanında... Bu iki kadıncağız ilk bakışta birbirine benzer özellikler taşıyordu. Hemen hemen aynı yaş grubu ve toplumsal konum; benzer kültürel, sınıfsal kökenler... Lakin dünya görüşleri ve din anlayışları arasındaki fark inanılmaz derin ve bir o kadar belirgindi.

Bir evde daha çok korkuya dayalı bir inanç öğretisi vardı - haram, günah, cehennem, ateş, azap... Bunlardı en çok işittiğim kelimeler; diğerinde ise aşktan ve muhabbetten ilham alan bir idrak vardı-hoşça bak zatına, hoşça bak cümle âleme, eyvallah, su gibi, cemal, şefkat… Bunlardı en çok işittiğim sözler.

Birinde Tanrı sürekli yukarıdan izleyen, günahları ince ince kaydeden, kolay kolay affetmeyen bir varlık olarak algılanırken, diğerinde Tanrı her yerde mevcuttu; merhamet doluydu ve bilinmek istiyordu. Bir yaz tatili boyunca gözlemlediğim ve yakından maruz kaldığım bu fark beni derinden etkiledi.

Nasıl oluyordu da aynı kitabı bu kadar farklı şekillerde yorumlayabiliyordu babaannem ile anneannem? Nasıl oluyordu da aynı kitabı bu kadar zıt biçimlerde yorumlayabiliyordu insanlar?

Bu soru zihnimin kancalarına takılı kaldı.

Beni anneannem büyüttü. Onu da baştan söylemeli.

Mutasavvıf değildi Fahriye Hanım, lakin kanımca yüzyılların biriktirdiği Anadolu öğretilerini yüreğinde taşıyordu ama bilerek ama bilmeden. Bana bambaşka bir âlemin kapılarını o araladı. Severdi çok aşk hikâyelerini, biraz da değiştirirdi anlatırken: Leyla ile Mecnun, Ferhat ile Şirin, Kerem ile Aslı...

AŞK romanı çıktığı zaman daha okumadan hemen küçümsemeye kalkan ve belli ki kendini "âlim" ve üstün zanneden şahıslar oldu. Üstünkörü geçiştirdikleri bir eser hakkında atıp tutmakta beis görmediler. "O nereden bilir tasavvufu?" dediler ve yazdılar defalarca; tasavvuf dediğin deniz tapulu mallarıymış gibi.

Uçsuz bucaksız bir derya, kıyısı nerede

bilen yok... Kiminin elinde bir kova, kiminde bir kepçe, kiminde bir çay kaşığı, herkes kendi yüreğinin kabı kadar çeker durur o denizden.

Ben anneannemden öğrendim kimsenin bilgisini, birikimini küçümsememeyi. Eğitimli, üniversite diplomalı değildi anneannem. Yaşıtı birçok kız çocuğu gibi eğitimini ilerletmesine izin verilmemişti zira. Fakat duru bir bilgeliğe sahipti. İnanılmaz sakindi. Kibirden nasibini almamıştı nicelerinin aksine.

Kimin neyi ne kadar bildiğini uzaktan kestirmek, hele ki hoyratça yargılamak, mümkün mü?

Tasavvufa ilgim üniversite yıllarında şekillendi. Ama bir inanç arayışı olarak değil. Başından beri entelektüel bir meraktı rehberim. Okumak, araştırmak, öğrenmek, sorular sormak, her soruyla yeni sorular bulmak... ben bunları sevdim.

Mastır tezimi Mevlevi ve Bektaşi inançları üzerine kaleme aldım. Her iki felsefeyi araştırmaktan büyük keyif aldım ve çok şey öğrendim.

Pinhan ilk romanım ve kitabı okuyan herkesin hemen göreceği üzere tamamen bu hamurla yoğrulmuş bir hikâye. *Şehrin Aynaları,* keza öyle. Bu tarihsel roman mistisizmi Akdeniz havzası üzerinden kurgular, geçmişe yolculuk yapar. *İskender* romanında tasavvuf geri plandan usulca fısıldar. Velhasıl benim edebiyatımda daha ilk günden itibaren hep önemli bir izdüşümü oldu bu kadim felsefenin.

Okuduğum her kitap beni başka bir

kitaba yönlendirdi üniversite yıllarında. Çok gençtim, meraklıydım, okumaya müptelaydım. Önce Şems'i keşfettim tesadüfen kitaplarda. Hemen dikkatimi çekti. Kimdi bu insan? Nasıl biriydi? Derken onun açtığı kapıdan Mevlânâ'yı keşfettim. Dizeleri işledi ruhuma. Çok sevdim sesini, yüzyıllar ötesinden seslenen ve hiç yaşlanmayan...

Okumak... daima okumak.
Sorgulamak... daima sorgulamak.

Hiçbir yere ait olmadan, kendine sıfatlar ve unvanlar atfetmeden, "oldum" zannetmeden, "vardım" demeden, hiçbir kolektif kimliğe eğilim göstermeden, birey olmak, sadece insan...

AŞK'ı yazarken tamamen içime kapandım. Ne akşamları dışarı çıkmak, ne

öğlenleri gezmek, ne sabahları yürümek. Hiçbiri içimden gelmez oldu.
Som bir yalnızlık... Korkutmadı o ıssızlık.
Seyahat ettim zihnimde dönemin Konya'sına.

Yolculuk ettim yüreğimde bambaşka hayatlara.

İstedim ki anlatabileyim hikâyesini, hikâyesi unutulmuşların -toplumun ve tarihin hor gördüklerinin.

Ben hep hikâyelerimi kenarda kalanların gözünden anlatmak istedim, sesi duyulmayanların ağzından bir çığlık.

İnanıyorum ki bu kadim öğretilerden öğrenecek çok şeyimiz var. Ne zaman kızgınlık ya da husumet ya da kıskançlık alevleri sarmaya başlasa zihninin perdelerini, usulca aç Mevlânâ'nın dizelerini, derin bir soluk al, oku sessizce bir müddet başka hiçbir şey düşünmeden... Unutma ki onlar bizden çok daha zor bir dönemde yaşadılar, buna rağmen sükûnetlerini ve bilgeliklerini terk etmediler.

İnanıyorum ki Anadolu topraklarında, modern hayatta bize dayatılan tüm kategorik ayrışmalara, hoyratlıklara, nefret ve önyargı söylemlerine rağmen hâlâ usuldan çağlamaya devam eden dereler misali akmakta AŞK dolu, muhabbet dolu, empati dolu bir felsefe...

Hoşça bakın zatınıza...

Elif Şafak

Âşık olunca
anlarsın.
Yüreğin bir
kadife keseye
dönüşür...

Birinci Kural

Yaradan'ı hangi kelimelerle
tanımladığımız, kendimizi nasıl
gördüğümüze ayna tutar. Şayet
Tanrı dendi mi öncelikle korkulacak,
utanılacak bir varlık geliyorsa aklına,
demek ki sen de korku ve utanç
içindesin çoğunlukla.
Yok eğer, Tanrı dendi mi evvela aşk,
merhamet ve şefkat anlıyorsan,
sende de bu vasıflardan
bolca mevcut demektir.

İkinci Kural

Hak Yolu'nda ilerlemek yürek işidir, akıl işi değil. Kılavuzun daima yüreğin olsun, omzun üstündeki kafan değil. Nefsini bilenlerden ol, silenlerden değil!

Üçüncü Kural

Kuran dört seviyede okunabilir.
İlk seviye zahiri manadır.
Sonraki batıni mana.
Üçüncü batıninin batınisidir.
Dördüncü seviye o kadar derindir ki
kelimeler kifayetsiz kalır tarif etmeye.

Aşkta yok olunca zahiri tarifler,
zihinlerdeki kategoriler
buhar olur uçar.

Dördüncü Kural

Kâinattaki her zerrede Allah'ın sıfatlarını bulabilirsin, çünkü O camide, mescitte, kilisede, havrada değil, her an her yerdedir. Allah'ı görüp yaşayan olmadığı gibi, O'nu görüp ölen de yoktur. Kim O'nu bulursa, sonsuza dek O'nda kalır.

Beşinci Kural

Aklın kimyası ile aşkın kimyası
başkadır. Akıl temkinlidir.
Korka korka atar adımlarını.
"Aman sakın kendini" diye tembihler.
Hâlbuki aşk öyle mi?
Onun tek dediği:
"Bırak kendini, ko gitsin!"
Akıl kolay kolay yıkılmaz. Aşk ise
kendini yıpratır, harap düşer.
Hâlbuki hazineler ve defineler
yıkıntılar arasında olur. Ne varsa
harap bir kalpte var!

Altıncı Kural

Şu dünyadaki çatışma,
önyargı ve husumetlerin çoğu
dilden kaynaklanır. Sen sen ol,
kelimelere fazla takılma.
Aşk diyarında dil zaten
hükmünü yitirir. Âşık dilsiz olur.

Aşk lâtif bir kelime değil,
başlı başına bir pusuladır…

Yedinci Kural

Şu hayatta tek başına inzivada kalarak, sadece kendi sesinin yankısını duyarak, Hakikat'i keşfedemezsin. Kendini ancak bir başka insanın aynasında tam olarak görebilirsin.

Sekizinci Kural

Başına ne gelirse gelsin, karamsarlığa kapılma. Bütün kapılar kapansa bile, sonunda O sana kimsenin bilmediği gizli bir patika açar. Sen şu anda göremesen de, dar geçitler ardında nice cennet bahçeleri var. Şükret! İstediğini elde edince şükretmek kolaydır. Sufi, dileği gerçekleşmediğinde de şükredebilendir.

Dokuzuncu Kural

Sabretmek öylece durup beklemek değil, ileri görüşlü olmak demektir. Sabır nedir? Dikene bakıp gülü, geceye bakıp gündüzü tahayyül edebilmektir. Allah âşıkları sabrı gülbeşeker gibi tatlı tatlı emer, hazmeder. Ve bilirler ki, gökteki ayın hilalden dolunaya varması için zaman gerekir.

Şayet "aşktan önce" ve "aşktan sonra" aynı insan olarak kalmışsak, yeterince sevmemişiz demektir.

Onuncu Kural

Ne yöne gidersen git, Doğu, Batı, Kuzey ya da Güney, çıktığın her yolculuğu içine doğru bir seyahat olarak düşün! Kendi içine yolculuk eden kişi, sonunda arzı dolaşır.

On Birinci Kural

Ebe bilir ki sancı çekilmeden doğum olmaz, ana rahminden bebeğe yol açılmaz. Senden yepyeni ve taptaze bir "sen"zuhur edebilmesi için zorluklara, sancılara hazır olman gerekir.

On İkinci Kural

Aşk bir seferdir. Bu sefere çıkan her yolcu, istese de istemese de tepeden tırnağa değişir. Bu yollara dalıp da değişmeyen yoktur.

Birini seviyorsan onun için yapabileceğin en anlamlı şey değişmektir!

On Üçüncü Kural

Şu dünyada semadaki yıldızlardan daha fazla sayıda sahte hacı hoca şeyh şıh var. Hakiki mürşit seni kendi içine bakmaya ve nefsini aşıp kendindeki güzellikleri bir bir keşfetmeye yönlendirir. Tutup da ona hayran olmaya değil.

On Dördüncü Kural

Hakk'ın karşına çıkardığı
değişimlere direnmek yerine,
teslim ol. Bırak hayat sana
rağmen değil, seninle
beraber aksın. "Düzenim bozulur,
hayatımın altı üstüne gelir" diye
endişe etme. Nereden biliyorsun
hayatın altının üstünden
daha iyi olmayacağını?

On Beşinci Kural

Allah, içte ve dışta her an hepimizi tamama erdirmekle meşguldür. Tek tek her birimiz tamamlanmamış bir sanat eseriyiz. Yaşadığımız her hadise, atlattığımız her badire eksiklerimizi gidermemiz için tasarlanmıştır. Rab noksanlarımızla ayrı ayrı uğraşır çünkü beşeriyet denen eser, kusursuzluğu hedefler.

Ya aşkı öğret bana
ya da aşkın yokluğuna
üzülmemeyi...

On Altıncı Kural

Kusursuzdur ya Allah,
O'nu sevmek kolaydır.
Zor olan hatasıyla sevabıyla
fani insanları sevmektir.
Unutma ki kişi bir şeyi ancak
sevdiği ölçüde bilebilir. Demek ki
hakikaten kucaklamadan ötekini,
Yaradan'dan ötürü yaratılanı
sevmeden, ne lâyıkıyla bilebilir, ne
lâyıkıyla sevebilirsin.

On Yedinci Kural

Esas kirlilik, dışta değil içte,
kisvede değil kalpte olur.
Onun dışındaki her leke
ne kadar kötü görünürse görünsün,
yıkandı mı temizlenir, suyla arınır.
Yıkamakla çıkmayan tek pislik
kalplerde yağ bağlamış
haset ve art niyettir.

On Sekizinci Kural

Tüm kâinat olanca katmanları ve karmaşasıyla insanın içinde gizlenmiştir. Şeytan, dışımızda bizi ayartmayı bekleyen korkunç bir mahlûk değil, bizzat içimizde bir sestir. Şeytanı kendinde ara; dışında, başkalarında değil. Ve unutma ki nefsini bilen Rabbini bilir. Başkalarıyla değil, sadece kendiyle uğraşan insan, sonunda mükâfat olarak Yaradan'ı tanır.

Dilin yetersiz kaldığı bir öte boyut var. Aşkın sahasına adım atınca, kelimelere gerek kalmaz…

On Dokuzuncu Kural

Başkalarından saygı, ilgi
ya da sevgi bekliyorsan, önce
sırasıyla kendine borçlusun bunları.
Kendini sevmeyen birinin sevilmesi
mümkün değildir. Sen kendini
sevdiğin hâlde dünya sana
diken yolladı mı, sevin.
Yakında gül yollayacak demektir.

Yirminci Kural

Yolun ucunun nereye varacağını düşünmek beyhude bir çabadan ibarettir. Sen sadece atacağın ilk adımı düşünmekle yükümlüsün. Gerisi zaten kendiliğinden gelir.

Yirmi Birinci Kural

Hepimiz farklı sıfatlarla sıfatlandırıldık. Şayet Allah herkesin tıpatıp aynı olmasını isteseydi, hiç şüphesiz öyle yapardı. Farklılıklara saygı göstermemek, kendi doğrularını başkalarına dayatmaya kalkmak, Hakk'ın mukaddes nizamına saygısızlık etmektir.

Harflerden bir saray yaptım kendime. Koridorları aşk, duvarları aşk, taht odası aşk...

Yirmi İkinci Kural

Hakiki Allah âşığı bir meyhaneye girdi mi orası ona namazgâh olur. Ama bekri aynı namazgâha girdi mi orası ona meyhane olur. Şu hayatta ne yaparsak yapalım, niyetimizdir farkı yaratan, suret ile yaftalar değil.

Yirmi Üçüncü Kural

Yaşadığımız hayat elimize
tutuşturulmuş rengârenk ve
emanet bir oyuncaktan ibaret.
Kimisi oyuncağı o kadar
ciddiye alır ki ağlar,
perişan olur onun için.
Kimisi eline alır almaz şöyle
bir kurcalar oyuncağı, kırar ve atar.
Ya aşırı kıymet verir ya kıymet bilmeyiz.
Aşırılıklardan uzak dur.
Sufi ne ifrattadır ne tefritte.
Sufi daima orta yerde...

Yirmi Dördüncü Kural

Madem ki insan eşrefi mahlûkattır, yani varlıkların en şereflisi, attığı her adımda Allah'ın yeryüzündeki halifesi olduğunu hatırlayarak, buna yakışır soylulukta hareket etmelidir. İnsan yoksul düşse, iftiraya uğrasa, hapse girse, hatta esir olsa bile, gene de başı dik, gözü pek, gönlü emin bir halife gibi davranmaktan vazgeçmemelidir.

Her hakiki aşk, umulmadık dönüşümlere yol açar. Aşk bir milâd demektir.

Yirmi Beşinci Kural

Cenneti ve cehennemi illâ ki gelecekte arama. İkisi de şu an burada mevcut. Ne zaman birini çıkarsız, hesapsız ve pazarlıksız sevmeyi başarsak, cennetteyiz aslında. Ne vakit birileriyle kavgaya tutuşsak; nefrete, hasede ve kine bulaşsak, tepetaklak cehenneme düşüveririz.

Yirmi Altıncı Kural

Kâinat yekvücut, tek varlıktır. Her şey ve herkes görünmez iplerle birbirine bağlıdır. Sakın kimsenin ahını alma; bir başkasının, hele hele senden zayıf olanın canını yakma. Unutma ki dünyanın öte ucunda tek bir insanın kederi, tüm insanlığı mutsuz edebilir. Ve bir kişinin saadeti, herkesin yüzünü güldürebilir.

Yirmi Yedinci Kural

Şu dünya bir dağ gibidir, ona nasıl seslenirsen o da sana sesleri öyle aksettirir. Ağzından hayırlı bir laf çıkarsa, hayırlı laf yankılanır. Şer çıkarsa, sana gerisingeri şer yankılanır. Öyleyse kim ki senin hakkında kötü konuşur, sen o insan hakkında kırk gün kırk gece sadece güzel sözler et. Kırk günün sonunda göreceksin her şey değişmiş olacak. Senin gönlün değişirse, dünya değişir.

Akıl ve mantığın hudutları gayet keskin olabilir. Ama aşkta tüm sınırlar ve ayrımlar silikleşir…

Yirmi Sekizinci Kural

Geçmiş, zihinlerimizi kaplayan
bir sis bulutundan ibaret.
Gelecek ise başlı başına bir hayal
perdesi. Ne geleceğimizi bilebilir,
ne geçmişimizi değiştirebiliriz.
Sufi daima şu an'ın hakikâtini yaşar.

Yirmi Dokuzuncu Kural

Kader, hayatımızın önceden çizilmiş olması demek değildir. Bu sebepten, "ne yapalım kaderimiz böyle" deyip boyun bükmek cehalet göstergesidir. Kader yolun tamamını değil, sadece yol ayrımlarını verir. Güzergâh bellidir ama tüm dönemeç ve sapaklar yolcuya aittir. Öyleyse ne hayatının hâkimisin ne de hayat karşısında çaresizsin.

Otuzuncu Kural

Hakiki Sufi öyle biridir ki başkaları tarafından kınansa, ayıplansa, dedikodusu yapılsa, hatta iftiraya uğrasa bile, o ağzını açıp da kimse hakkında tek kelime kötü laf etmez. Sufi kusur görmez. Kusur örter.

Çünkü aşk, hayatın asıl özü,
esas gayesidir…

Otuz Birinci Kural

Hakk'a yakınlaşabilmek için kadife gibi bir kalbe sahip olmalı. Her insan şu veya bu şekilde yumuşamayı öğrenir. Kimi bir kaza geçirir, kimi ölümcül bir hastalık; kimi ayrılık acısı çeker, kimi maddi kayıp... Hepimiz kalpteki katılıkları çözmeye fırsat veren badireler atlatırız. Ama kimimiz bundaki hikmeti anlar ve yumuşar; kimimiz ise, ne yazık ki daha da sertleşerek çıkar.

Otuz İkinci Kural

Aranızdaki bütün perdeleri tek tek kaldır ki, Tanrı'ya saf bir aşkla bağlanabilesin. Kuralların olsun ama kurallarını başkalarını dışlamak yahut yargılamak için kullanma. Bilhassa putlardan uzak dur, dost. Ve sakın kendi doğrularını putlaştırma! İnancın büyük olsun ama inancınla büyüklük taslama!

Otuz Üçüncü Kural

Bu dünyada herkes bir şey olmaya çalışırken, sen HİÇ ol. Menzilin yokluk olsun. İnsanın çömlekten farkı olmamalı. Nasıl ki çömleği tutan dışındaki biçim değil, içindeki boşluk ise, insanı ayakta tutan da benlik zannı değil, hiçlik bilincidir.

Âşık olmayana aşk kuru bir kelimeden ibaret. Yarı palavra, yarı safsata.

Otuz Dördüncü Kural

Hakk'a teslimiyet ne zayıflık ne edilgenlik demektir. Tam tersine, böylesi bir teslimiyet son derece güçlü olmayı gerektirir. Teslim olan insan çalkantılı ve girdaplı sularda debelenmeyi bırakır; emin bir beldede yaşar.

Otuz Beşinci Kural

Şu hayatta ancak tezatlarla ilerleyebiliriz. Mümin içindeki münkirle tanışmalı, Tanrı'ya inanmayan kişi ise içindeki inananla. İnsan-ı Kâmil mertebesine varana kadar gıdım gıdım ilerler kişi. Ve ancak tezatları kucaklayabildiği ölçüde olgunlaşır.

Otuz Altıncı Kural

Hileden, desiseden endişe etme.
Eğer birileri sana tuzak kuruyor,
zarar vermek istiyorsa,
Tanrı da onlara tuzak kuruyordur.
Çukur kazanlar o çukura
kendileri düşer. Bu sistem
karşılıklar esasına göre işler.
Ne bir katre hayır karşılıksız kalır,
ne bir katre şer. O'nun bilgisi
dışında yaprak bile kıpırdamaz.
Sen sadece buna inan!

İnanç aşk gibidir. İspat istemez.
Mantıksal bir açıklama beklemez.
Ya vardır ya da yok.

Otuz Yedinci Kural

Tanrı kılı kırk yararak titizlikle çalışan bir saat ustasıdır. O kadar dakiktir ki sayesinde her şey tam zamanında olur. Ne bir saniye erken, ne bir saniye geç. Her insan için bir âşık olma zamanı vardır, bir de ölmek zamanı.

Otuz Sekizinci Kural

"Yaşadığım hayatı değiştirmeye, kendimi dönüştürmeye hazır mıyım?" diye sormak için hiçbir zaman geç değil. Kaç yaşında olursak olalım, başımızdan ne geçmiş olursa olsun, tamamen yenilenmek mümkün.
Tek bir gün bile öncekinin tıpatıp tekrarıysa, yazık. Her an her nefeste yenilenmeli. Yepyeni bir yaşama doğmak için ölmeden önce ölmeli.

Otuz Dokuzuncu Kural

Noktalar sürekli değişse de bütün aynıdır. Bu dünyadan giden her hırsız için bir hırsız daha doğar. Ölen her dürüst insanın yerini bir dürüst insan alır. Hem bütün hiçbir zaman bozulmaz, her şey yerli yerinde kalır, merkezinde... Hem de bir günden bir güne hiçbir şey aynı olmaz. Ölen her Sufi için bir Sufi daha doğar.

Kırkıncı Kural

Aşksız geçen bir ömür beyhude yaşanmıştır. Acaba ilahi aşk peşinde mi koşmalıyım mecazi mi, yoksa dünyevi, semavi ya da cismani mi diye sorma! Ayrımlar ayrımları doğurur. AŞK'ın ise hiçbir sıfata ve tamlamaya ihtiyacı yoktur. Başlıbaşına bir dünyadır aşk. Ya tam ortasındasındır, merkezinde ya da dışındasındır, hasretinde.

**Aşk yeryüzündeki en eski,
en dirençli gelenektir.**

Strasbourg doğumlu **Elif Şafak**, çocukluğunu ve gençliğini Ankara, Madrid, Amman, Köln, İstanbul, Boston, Michigan ve Arizona'da geçirdi. ODTÜ Uluslararası İlişkiler Bölümü'nü bitirdi, yüksek lisansını aynı üniversitede Kadın Çalışmaları Bölümü'nde, doktorasını ise Siyaset Bilimi alanında tamamladı. Türkiye, ABD ve İngiltere'de [üniversitelerde] öğretim üyesi olarak dersler verdi. 2018 yılında Oxford Üniversitesi'nde Karşılaştırmalı Avrupa Edebiyatı Weidenfeld Kürsüsü'ne misafir öğretim üyesi olarak edebiyat ve sanat seminerleri vermek üzere seçildi.

İlk kitabı *Kem Gözlere Anadolu* (öykü) 1994'te yayımlandı. İlk romanı *Pinhan*'la 1998 Mevlânâ Büyük Ödülü'nü aldı. Bunu, *Şehrin Aynaları* (1999) ve Türkiye Yazarlar Birliği Ödülü'nü kazandığı *Mahrem* izledi (2000). Ardından her ikisi de çok satan ve geniş bir okur kitlesine ulaşan *Bit Palas* (2002) ve *Araf* (2004) yayımlandı. *Med-Cezir*'de (2005) kadınlık, kimlik, kültürel bölünme, dil ve edebiyat konulu yazılarını topladı. 2006'da senenin en çok okunan kitabı olan *Baba ve Piç* yayımlandı. Ardından aylarca satış listelerinden inmeyen ilk otobiyografik kitabı *Siyah Süt*'ü yazdı. Doğan Kitap tarafından 2009 Martı'nda yayımlanan *Aşk*, Türk yayıncılık dünyasında önemli bir rekora imza atarak, en kısa sürede en çok satan roman oldu, yayımlandığı günden bu yana 1 milyona yakın sattı.

Tüm eserlerinden seçkiler niteliğinde olan *Kâğıt Helva* (2009), gazete yazılarından derlediği *Firarperest* (2010), İngiltere'ye göç etmiş Türkiyeli bir ailenin dramını anlattığı *İskender* (2011), yine gazete yazılarından derlediği *Şemspare* (2012), 16. yüzyıl İstanbu-lu'nu kaleme aldığı *Ustam ve Ben* (2013) ve *Havva'nın Üç Kızı* (2016) romanları Doğan Kitap tarafından yayımlandı, *Havva'nın Üç Kızı* yılın en çok okunan romanı oldu. 2018'de denemelerden oluşan *Sanma ki Yalnızsın* yayımlandı.

2010 yılında Fransa'nın Sanat ve Edebiyat Şövalyesi nişanına layık görülen, eserleri kırk sekiz dile çevrilen ve *The New York Times, The Washington Times, The Financial Times, The Guardian, Le Figaro* gibi önde gelen yayın organlarında hakkında çok sayıda edebi inceleme yazısı çıkan; aynı zamanda uluslararası basında makaleler yazan Elif Şafak'ın romanları, Penguin, Random House, Rizzoli, Flammarion, Kein&Aber gibi dünyanın en önemli yayınevleri tarafından yayımlanmaktadır.

Şafak, Margaret Atwood ile birlikte, Norveç merkezli Future Library'ye (Geleceğin Kütüphanesi) 100 yıl sonra okunmak üzere eser bırakacak yazarlar arasında seçilmiştir. Londra ve İstanbul'da yaşamaktadır. Eserlerini İngilizce ve Türkçe yazmaktadır.